momentos cruciales

CIENCIA

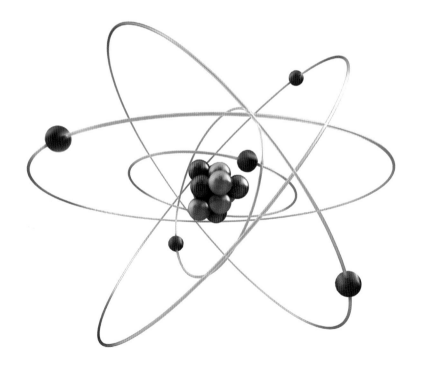

CIENCIA

Título original: Science
Tradujo Juan Tovar Cross de la edición original en inglés de Weldon Owen Pty Ltd
© 2010 Weldon Owen Pty Ltd

Concepto y realización: Weldon Owen Pty Ltd
Diseño conceptual: Arthur Brown/Cooling Brown
Editor del proyecto: Jasmine Parker
Diseño: Colin Wheatland
Cartografía: Will Pringle, Mapgraphx
Director de arte: Trucie Henderson
Investigación iconográfica: Joanna Collard
Revisión: Shan Wolody
Índice: Jo Rudd

D.R. © Editorial Océano, S.L.
Milanesat 21-23, Edificio Océano
08017 Barcelona, España
www.oceano.com

D.R. © Editorial Océano de México, S.A. de C.V.
Blvd. Manuel Ávila Camacho 76, 10° piso
11000 México, D.F., México
www.oceano.mx

PRIMERA EDICIÓN 2011

ISBN: 978-84-494-4441-8 (Océano España)
ISBN: 978-607-400-541-7 (Océano México)

IMPRESO EN CHINA / *PRINTED IN CHINA*

CIENCIA

Glenn Murphy

OCEANO travesía

Contenido

LAS LEYES DEL MOVIMIENTO

MOTORES Y MÁQUINAS

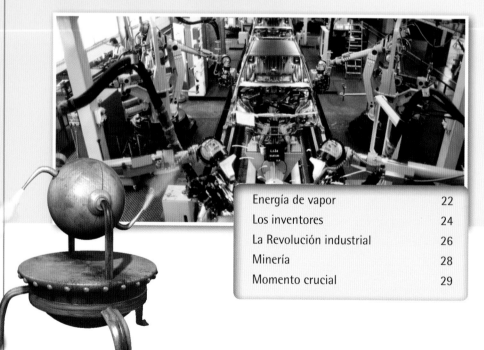

SELECCIÓN NATURAL

TEORÍA ATÓMICA

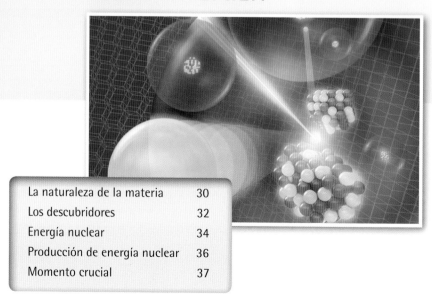

TECTÓNICA DE PLACAS

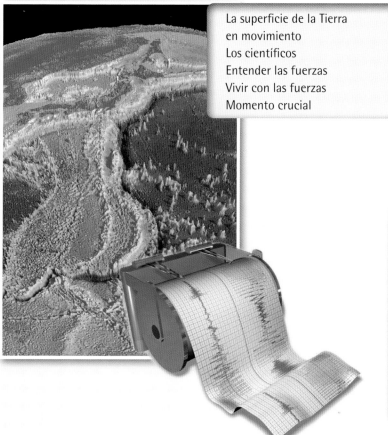

VUELO MOTORIZADO

ENERGÍA ELÉCTRICA

Las leyes del movimiento

Antes de sir Isaac Newton, los eruditos que contemplaban el cielo nocturno hicieron muchos descubrimientos sobre cómo se ven y se comportan los planetas y las estrellas. Pero poco sabían de por qué se comportan así. Galileo Galilei había hecho descubrimientos sobre la física de los objetos en caída y en movimiento. Nicolás Copérnico y Johannes Kepler habían deducido que los planetas giran alrededor del Sol en órbitas elípticas (ovaladas). Pero fue Newton quien logró unirlo todo para explicar el movimiento no sólo de las estrellas, lunas y planetas, sino de todos los objetos que se mueven. La clave de todo era la gravedad, y las tres leyes del movimiento de Newton y su ley de la gravitación universal describieron, matemáticamente, cómo podemos entender y predecir sus efectos.

Universo geocéntrico. Durante la mayor parte de la historia, los astrónomos han sido partidarios del modelo geocéntrico del Universo planteado por el filósofo griego Ptolomeo. La Tierra estaba en el centro, y el Sol, la Luna, los planetas y las estrellas daban vueltas alrededor de ella.

Tierra | Sol

Nicolás Copérnico. En 1543, Copérnico planteó que la Tierra y los otros planetas giraban alrededor del Sol en órbitas elípticas. Muchos dudaron de esta teoría pero, más de un siglo después, las leyes de Newton del movimiento y la gravitación la respaldaron, al explicar cómo y por qué hacen esto los planetas.

NEWTON EN ACCIÓN

Las tres leyes del movimiento de Newton describen cómo las diversas fuerzas que actúan sobre un objeto interactúan para producir el movimiento o desplazamiento resultante. La primera ley afirma que los objetos, por naturaleza, se resisten a cambiar su estado de movimiento o reposo. La segunda describe la relación entre fuerza, masa y aceleración. La tercera ley explica que a cada acción (o fuerza) siempre le corresponde una reacción igual y contraria, como vemos aquí con el lanzamiento del misil.

Vencer la gravedad
Para vencer la fuerza de gravedad y generar propulsión, los motores del cohete deben arrojar enormes cantidades de combustible en estallido hacia atrás o hacia abajo. Esto produce una fuerza de reacción igual y contraria que impulsa el misil hacia delante y hacia arriba.

Fuerza de gravedad
Todos los objetos con masa sienten la fuerza de gravedad, y entre mayor sea la masa, mayor será la fuerza resultante. Mientras reposa en la plataforma de lanzamiento, el misil es atraído hacia el suelo por la gravedad.

Fuerza, masa y aceleración
La segunda ley de Newton dice que la aceleración se produce cuando una fuerza actúa sobre un objeto con masa, y que a mayor masa, mayor será la fuerza necesaria para acelerarla. Podemos ver esto en la siguiente secuencia del trineo.

Un hombre, un perro
No hay aceleración. Obviamente, esto es porque un solo perro no puede generar suficiente fuerza para acelerar al hombre y al trineo: pesan demasiado.

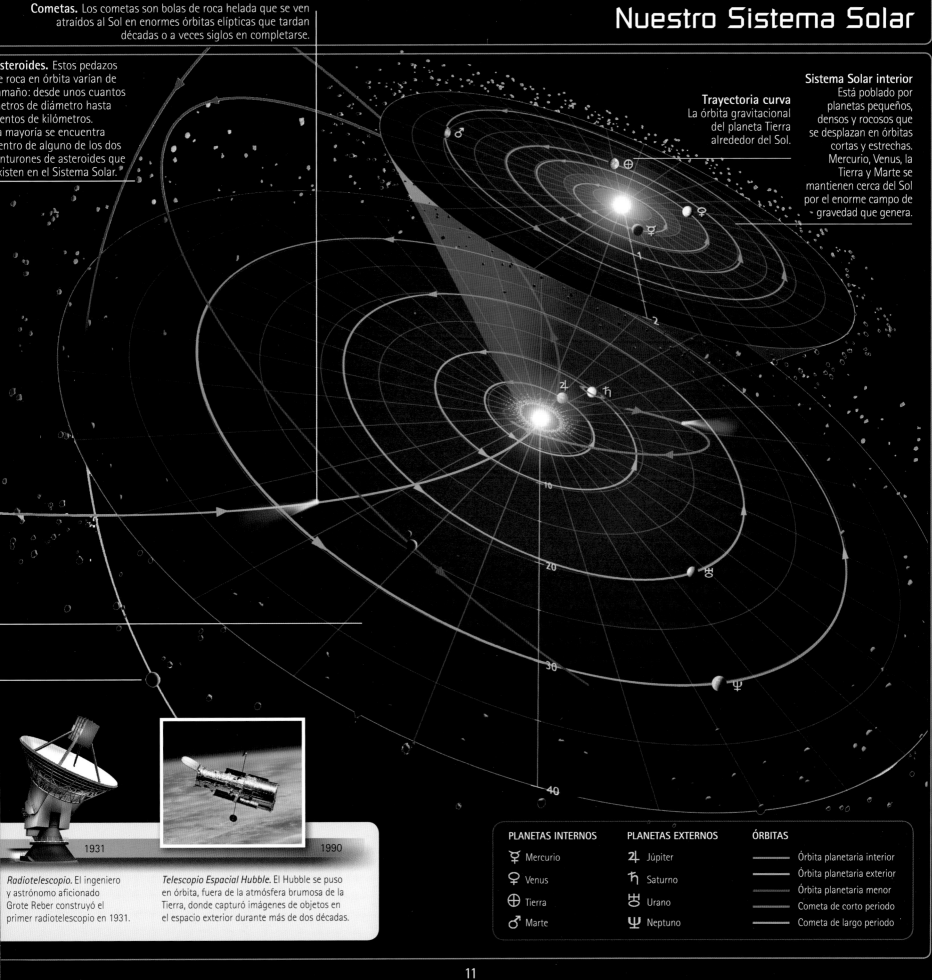

Cometas. Los cometas son bolas de roca helada que se ven atraídos al Sol en enormes órbitas elípticas que tardan décadas o a veces siglos en completarse.

steroides. Estos pedazos e roca en órbita varían de amaño: desde unos cuantos etros de diámetro hasta entos de kilómetros. a mayoría se encuentra entro de alguno de los dos nturones de asteroides que xisten en el Sistema Solar.

Trayectoria curva
La órbita gravitacional del planeta Tierra alrededor del Sol.

Sistema Solar interior
Está poblado por planetas pequeños, densos y rocosos que se desplazan en órbitas cortas y estrechas. Mercurio, Venus, la Tierra y Marte se mantienen cerca del Sol por el enorme campo de gravedad que genera.

Radiotelescopio. El ingeniero y astrónomo aficionado Grote Reber construyó el primer radiotelescopio en 1931.

Telescopio Espacial Hubble. El Hubble se puso en órbita, fuera de la atmósfera brumosa de la Tierra, donde capturó imágenes de objetos en el espacio exterior durante más de dos décadas.

1931   1990

PLANETAS INTERNOS	PLANETAS EXTERNOS	ÓRBITAS
☿ Mercurio	♃ Júpiter	――― Órbita planetaria interior
♀ Venus	♄ Saturno	――― Órbita planetaria exterior
⊕ Tierra	♅ Urano	⋯⋯ Órbita planetaria menor
♂ Marte	♆ Neptuno	⋯⋯ Cometa de corto periodo
		――― Cometa de largo periodo

Selección Natural

Antes de la teoría de la evolución por selección natural, los científicos, filósofos y la gente común solían creer que todos los seres vivos de la Tierra habían sido creados por separado, de manera simultánea y en un pasado relativamente reciente. Pero a partir de mediados del siglo XIX, todo eso habría de cambiar. Animado por sus experiencias y descubrimientos en un viaje alrededor del mundo, Charles Darwin le ofreció al mundo una explicación alternativa que era tan brillante como controvertida. Las especies vivas, dijo Darwin, no fueron creadas por separado. Todas están relacionadas, y han evolucionado –a lo largo de millones de años de vida, muerte, adaptación y supervivencia– hasta convertirse en las formas que hoy vemos a nuestro alrededor.

Antes de Darwin, la mayoría de los eruditos creían que las especies de plantas y animales habían permanecido sin cambio desde el momento de la creación. Pero algunos, como el famoso naturalista francés Jean-Baptiste Lamarck, creían que las especies podían evolucionar de manera limitada mediante el uso –o desuso– de determinados órganos y partes del cuerpo.

Islas Galápagos
Darwin quedó atónito por la diversidad de plantas, aves y crustáceos que encontró en las remotas Islas Galápagos. Se preguntó por qué existían tantas variedades asombrosas de animales en un lugar tan apartado de la gente para la que supuestamente habían sido creadas.

Tortuga gigante
Darwin observó que el patrón en la concha de la tortuga gigante nativa de las Galápagos era diferente al de islas que se encontraban a sólo 80 kilómetros, y se dio cuenta de que habían evolucionado de manera independiente. Esto le dio pistas sobre los orígenes de toda la diversidad animal.

Iguana marina
En un principio, a Darwin le daban asco los "horrendos y torpes lagartos" que veía arrastrándose por la negra roca volcánica de las Galápagos. Pero después, lo fascinaron estos reptiles únicos que se alimentan de algas marinas y que nadan con una fuerza y una gracia fuera de lo común.

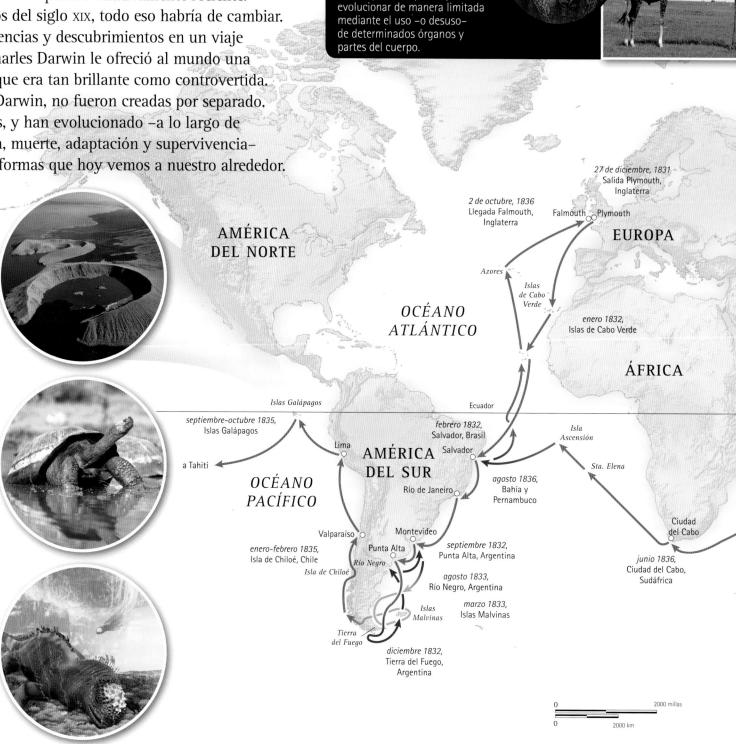

27 de diciembre, 1831
Salida Plymouth, Inglaterra

2 de octubre, 1836
Llegada Falmouth, Inglaterra

Falmouth Plymouth

EUROPA

Azores

Islas de Cabo Verde

OCÉANO ATLÁNTICO

enero 1832, Islas de Cabo Verde

ÁFRICA

AMÉRICA DEL NORTE

Islas Galápagos

Ecuador

septiembre-octubre 1835, Islas Galápagos

febrero 1832, Salvador, Brasil

Isla Ascensión

Lima

a Tahití

AMÉRICA DEL SUR

Salvador

Sta. Elena

OCÉANO PACÍFICO

Río de Janeiro

agosto 1836, Bahía y Pernambuco

Ciudad del Cabo

Valparaíso

Montevideo

enero-febrero 1835, Isla de Chiloé, Chile

Punta Alta

Río Negro

septiembre 1832, Punta Alta, Argentina

junio 1836, Ciudad del Cabo, Sudáfrica

Isla de Chiloé

agosto 1833, Río Negro, Argentina

Islas Malvinas

marzo 1833, Islas Malvinas

Tierra del Fuego

diciembre 1832, Tierra del Fuego, Argentina

0   2000 millas
0   2000 km

Momento crucial

La poderosa teoría de la evolución de Darwin explicó, de golpe, de dónde vienen las especies vivas, cómo se interrelacionan y por qué se ven y se comportan de determinada manera. Esto cambió para siempre nuestra manera de ver el mundo vivo. La evolución transformó la vida de un misterio inescrutable en un proceso comprensible –si bien asombrosamente complejo– de adaptación, herencia y fuerzas selectivas naturales. Se ha dicho que "en biología, nada tiene sentido salvo a la luz de la evolución", y hasta la fecha, los logros increíbles de Darwin siguen impulsando revolucionarios descubrimientos científicos.

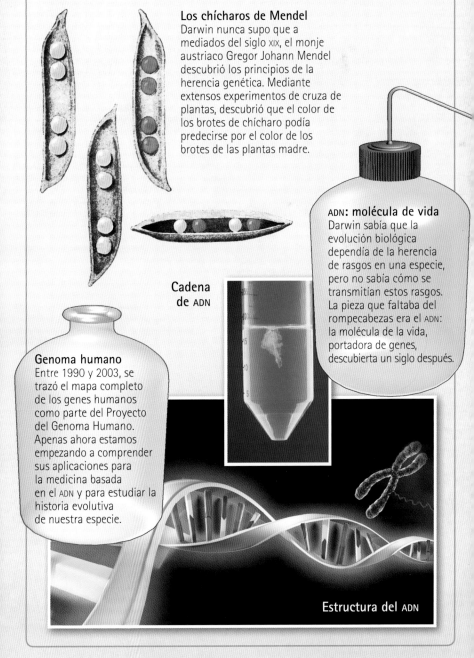

Los chícharos de Mendel
Darwin nunca supo que a mediados del siglo xix, el monje austriaco Gregor Johann Mendel descubrió los principios de la herencia genética. Mediante extensos experimentos de cruza de plantas, descubrió que el color de los brotes de chícharo podía predecirse por el color de los brotes de las plantas madre.

ADN: molécula de vida
Darwin sabía que la evolución biológica dependía de la herencia de rasgos en una especie, pero no sabía cómo se transmitían estos rasgos. La pieza que faltaba del rompecabezas era el ADN: la molécula de la vida, portadora de genes, descubierta un siglo después.

Cadena de ADN

Genoma humano
Entre 1990 y 2003, se trazó el mapa completo de los genes humanos como parte del Proyecto del Genoma Humano. Apenas ahora estamos empezando a comprender sus aplicaciones para la medicina basada en el ADN y para estudiar la historia evolutiva de nuestra especie.

Estructura del ADN

Reinos vivos

Para entender mejor las similitudes y diferencias entre las cosas vivas, los biólogos las clasifican en distintas familias, órdenes y clases. La división más amplia se hace entre los diferentes reinos, que son seis. Los tres primeros –bacteria, arquea y protista– consisten enteramente de organismos unicelulares microscópicos. Los tres reinos restantes contienen todas las formas de vida más grandes y conocidas: plantas, animales y hongos. Lo genial de la teoría de Darwin es que explica cómo se interrelacionan todas estas especies, familias y reinos: como las ramas de un mismo "árbol de la vida", con un solo tronco o raíz.

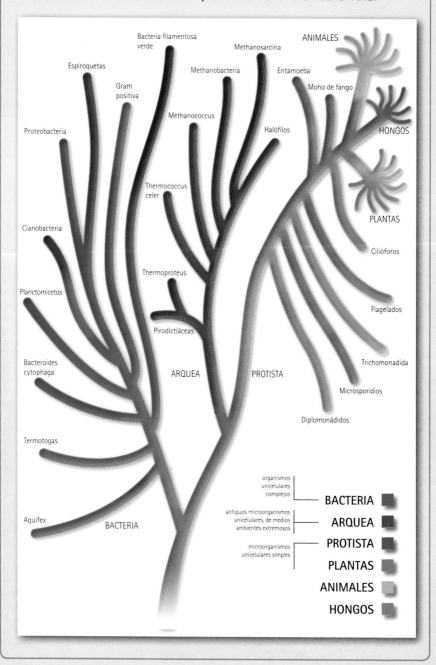

Primos globales. Aunque la gente de los distintos pueblos se pueda ver diferente a nivel superficial, todos pertenecen a una misma especie y son casi indistinguibles en sus genes, o ADN.

ANCESTROS HUMANOS

Contrario a la creencia popular, Darwin no decía nada sobre la evolución humana en *El origen de las especies*, más allá de predecir que a través de su teoría, "mucho habrá de esclarecerse en cuanto al origen del Hombre y su historia". Hoy sabemos por fósiles y evidencia de ADN que nuestra especie, el *Homo sapiens*, en realidad es parte de la gran familia de los simios, y descendiente directo de una línea de antepasados humanoides (u homínidos).

Desde África. De acuerdo con la teoría Desde África, los antepasados de todos los humanos modernos se originaron y evolucionaron en África. De ahí, se extendieron por Medio Oriente, atravesaron Europa y Asia, y cruzaron puentes terrestres y angostos canales marinos hacia América y Australia.

Humanos de hoy
Pese a todas sus aparentes diferencias externas, toda la gente de hoy es clasificada como *Homo sapiens sapiens*. Nuestra especie apareció por primera vez hace unos 200,000 años. Hoy somos más de 6,000 millones y hablamos más de 3,000 idiomas diferentes a lo largo de los siete continentes del mundo.

Homo habilis
El *Homo habilis* (u "hombre habilidoso"), de cerebro más grande, apareció por primera vez hace unos 2.5 millones de años. Es el miembro más antiguo que se conoce de la familia *Homo*, y el primer homínido, hasta donde se sabe, en hacer y usar herramientas de piedra.

Australopithecus
Aunque se han descubierto especies humanoides anteriores, el eslabón más antiguo confirmado entre nuestra propia especie y otros primates es el *Australopithecus afarensis*. Este homínido regordete, de cerebro pequeño, caminó en la Tierra hace entre tres y cuatro millones de años.

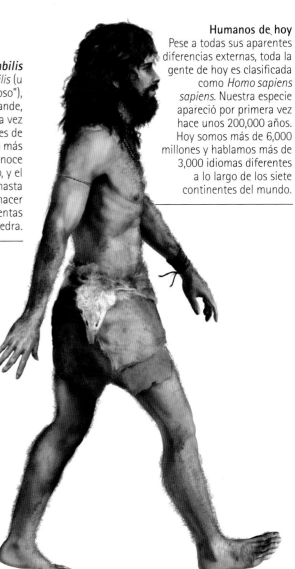

542 M.A.	251 M.A.	65.5 M.A.	APARECEN LOS HOMÍNIDOS
ÓN PROTEROZOICO	ERA PALEOZOICA	ERA MESOZOICA	ERA CENOZOICA

Motores y máquinas

Antes de la energía de vapor, las máquinas y vehículos eran impulsados por viento, agua o animales, y el mundo era un lugar más grande y más lento que ahora. Pero en 1712, el ferretero Thomas Newcomen construyó el primer motor efectivo en transformar el combustible en movimiento, quemando carbón para generar vapor e impulsar un pistón. En 1775, James Watt y Matthew Boulton le hicieron mejoras, agregando partes mecánicas que permitían que el pistón hiciera girar enormes ruedas. Juntos, produjeron motores más rápidos y eficientes, más aptos para las fábricas y el transporte. Esto llevó a la creación de trenes de vapor, motores de combustión y, con el tiempo, de toda una nueva era de alta tecnología.

Molino
de viento

Pistón arriba   **Pistón abajo**

Válvula de entrada
de vapor, funciona
también como salida

Vapor

Energía de pistones
El pistón era impulsado hacia
arriba y hacia abajo por el vapor
que entraba por válvulas a ambos
lados. Esto se volvía más eficiente
usando un condensador de vapor,
que creaba un vacío parcial
abajo, permitiendo que la presión
atmosférica bajara el pistón.

Viga mecedora
*Una pesada palanca de madera
subía y bajaba, transfiriendo
el movimiento vertical del
pistón a los engranajes
y al eje de transmisión.*

Regulador centrífugo. *Controlaba la
velocidad del motor. Al aumentar la velocidad
se elevaban cuatro brazos giratorios que abrían
una válvula, reduciendo el flujo de vapor.*

Caja del pistón
*Al cilindro del pistón se
le ponía una cubierta para
atrapar el vapor caliente
alrededor del pistón y
asegurarse que funcionara
con máxima eficiencia.*

Condensador separado
*Enfriaba y condensaba
el vapor usado, creando
agua y un vacío parcial.*

La Revolución industrial trajo consigo grandes cambios en cuanto a métodos de fabricación y comercio. Las herramientas operadas por máquinas sustituyeron a las herramientas manuales, sacando la manufactura de los hogares y pequeños talleres. En las fábricas, las líneas de ensamblaje automatizaron y aceleraron el proceso para fabricar todo, desde textiles e instrumentos musicales hasta muebles y alimentos. Hoy, la mayoría de los productos que usamos a diario se fabrican en masa en líneas de producción mecanizadas.

Barco de vapor

isótopo radiactivo, iniciando la primera reacción de fisión.

Teoría atómica

Democritus, Greek philosopher

De cierto modo, los átomos y la teoría atómica no son nada nuevo. Hace miles de años, los jainistas de la antigua India hablaban de partículas diminutas, llamadas *paramanu*, que se unían para construir el mundo material. Alrededor del siglo V a.C., el filósofo griego Demócrito hizo eco de esto al decir que toda la materia estaba compuesta de "pequeñas partículas invisibles" que no podían dividirse ni destruirse. Tristemente, estos "átomos" fueron ignorados más de 2,000 años hasta que, en 1808, el físico John Dalton dedujo la existencia de átomos con base en evidencia química real. Al poco tiempo, otros se basaron en los descubrimientos de Dalton para crear el modelo atómico moderno: con su núcleo de protones y neutrones, rodeado por una nube de electrones en órbita.

Reacción en cadena
Los neutrones libres de la primera reacción de fisión chocan con otro núcleo, repitiendo el proceso.

Neutrones libres
Los neutrones liberados del núcleo fragmentado salen disparados a alta velocidad. Algunos salen por completo de la materia nuclear, pero otros chocan con más núcleos al salir.

Estructura atómica. Un átomo típicamente consiste de un núcleo de protones y neutrones rodeado por electrones, mantenidos en órbita a una distancia fija por fuerzas electromagnéticas. El átomo de hidrógeno simple contiene un solo protón y electrón. Aquí vemos un átomo de boro, con cinco protones, cinco neutrones y cinco electrones.

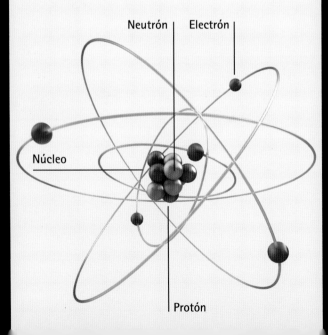

Neutrón | Electrón

Núcleo

Protón

Secuelas en Nagasaki
La bomba arrojada en Nagasaki causó una destrucción casi inimaginable, generando temperaturas de más de 4,000 °C y vientos de más de 1,000 kilómetros por hora.

EXPLOSIÓN ATÓMICA

Esta prueba de la bomba atómica en Nevada, Estados Unidos, demuestra el aterrador poder de una reacción en cadena nuclear descontrolada. Una explosión atómica genera un destello tan brillante que puede cegar a gente a más de 32 kilómetros, y crea una bola de fuego gigante. La onda expansiva y el pulso térmico de la explosión inicial evaporan todos los edificios en kilómetros a la redonda, mientras que los pocos sobrevivientes tienen que lidiar con quemaduras terribles y envenenamiento por radiación.

Pruebas atómicas. Estas imágenes capturan las etapas de una explosión nuclear, como se vieron en la tercera prueba nuclear de China, que se llevó a cabo el 9 de mayo de 1966. Se puede ver claramente cómo la bola de fuego de la detonación se eleva y se condensa para formar la infame nube en forma de hongo.

Bola de fuego   Condensación   Corriente ascendente   Hongo

Tectónica de placas

Antes de la geología moderna, solía creerse que los volcanes, terremotos y maremotos eran obra de dioses enojados o el resultado de desequilibrios en las misteriosas fuerzas del Universo. Los eruditos en Asia, Europa y Medio Oriente observaron patrones recurrentes de terremotos y algunos inventaron ingeniosos instrumentos para ayudar a medir y predecirlos. Pero hasta el siglo XIX, nadie podía ofrecer una explicación científica real de estos devastadores fenómenos naturales. Luego, en 1967, el geólogo británico Dan McKenzie unificó un siglo de trabajo científico para darnos la teoría de la tectónica de placas, y con ella un entendimiento completamente nuevo de nuestro planeta cambiante.

Vulcano, dios del fuego. El nombre volcán viene de Vulcano, dios romano del fuego y herrero de los dioses. En una época, la gente creía que los volcanes eran las chimeneas de la fragua subterránea de Vulcano y que la lava hacía erupción cuando estaba forjando sus armas.

Las placas de la Tierra
La superficie de la Tierra está dividida en enormes losas de roca de forma irregular llamadas placas tectónicas. Hay siete placas principales y una serie de placas más pequeñas. Su tamaño varía desde unos cuantos cientos hasta miles de kilómetros de diámetro. Las placas soportan el peso de los continentes y océanos que están encima, y flotan sobre una densa capa de roca semifundida parecida al plástico –llamada manto terrestre–.

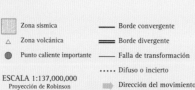

▢ Zona sísmica	── Borde convergente
△ Zona volcánica	━━ Borde divergente
⬤ Punto caliente importante	─── Falla de transformación
	····· Difuso o incierto

ESCALA 1:137,000,000
Proyección de Robinson

▰▰▰ Dirección del movimiento

Sismómetro antiguo
En el año 132 d.C., el ingeniero chino Zhang Heng inventó el primer detector de temblores –o sismómetro– del mundo. Al moverse, un péndulo en el interior del dispositivo tipo urna movía una palanca que abría la boca de un dragón y soltaba una bola de metal en la boca de uno de los sapos de abajo, esto hacía sonar una fuerte alarma.

Placa Africana

Placa Euroasiática

Placa Sudamericana

Placa del Pacífico

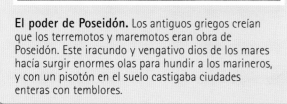

El poder de Poseidón. Los antiguos griegos creían que los terremotos y maremotos eran obra de Poseidón. Este iracundo y vengativo dios de los mares hacía surgir enormes olas para hundir a los marineros, y con un pisotón en el suelo castigaba ciudades enteras con temblores.

Momento crucial

La teoría relativamente nueva de la tectónica de placas agrupó evidencia de muchos campos distintos de la ciencia, incluyendo la geología, la geografía y la paleontología. Al hacerlo, explicó el origen de los terremotos, volcanes, formación de montañas y más –que llevaba miles de años desconcertando a la humanidad–. Más importante aún, unificó el estudio de nuestro planeta y sus sistemas. Por tal motivo, la tectónica de placas resulta tan importante para las ciencias terrestres modernas como la teoría atómica para la física, o la evolución para la biología.

AMÉRICA DEL NORTE
EUROPA
ASIA
ÁFRICA
AMÉRICA DEL SUR
AUSTRALIA
ANTÁRTICA

Riesgo sísmico bajo
Riesgo sísmico medio
Riesgo sísmico alto
Riesgo sísmico muy alto
△ Volcán activo

Zonas de alto riesgo
Los volcanes activos y las zonas sísmicas suelen encontrarse a lo largo de los límites de las placas tectónicas. Identificar los puntos calientes más activos ayuda a los científicos a anticipar el riesgo de terremotos y actividad volcánica.

El mar se expande
Los procesos geológicos ocurren tan lentamente que a menudo son difíciles de observar. Pero la continua expansión del Mar Rojo muestra la deriva continental en acción, conforme Arabia se separa de África, partiendo la corteza continental y ensanchando el suelo marino.

Investigación candente
Los científicos modernos usan sus conocimientos de geología, física y química –además de una variedad de equipos especiales– para estudiar los terremotos y volcanes en acción. Los vulcanólogos desafían temperaturas de más de 1,200 °C, usando trajes térmicos, para tomar muestras de gases y lava.

Vivir con las fuerzas

Millones de personas en todo el mundo viven en áreas propensas a terremotos, tsunamis y actividad volcánica. De hecho, muchos de los mayores centros de población del mundo, como Tokio, Mumbai y San Francisco, se encuentran a lo largo de estos límites de placas o cerca de ellos, pues los antiguos colonizadores se vieron atraídos al lugar por la fértil tierra volcánica y exuberante vegetación. Hoy, los geólogos y sismólogos pueden monitorear los volcanes y fallas geológicas atentos a cualquier señal de actividad. Además, con métodos de ingeniería modernos, las construcciones y caminos en las áreas de alto riesgo pueden ser más fuertes, más flexibles y más resistentes a los terremotos.

Tecnología tradicional. Las islas de Japón se encuentran en los límites de cinco placas tectónicas, lo que las vuelve muy propensas a terremotos. Sin embargo, muchas de las antiguas pagodas budistas han sobrevivido desde hace siglos, gracias a su diseño flexible a prueba de temblores.

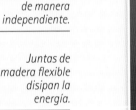

Cada piso se puede columpiar de manera independiente.

Juntas de madera flexible disipan la energía.

La columna central reduce las vibraciones.

San Francisco

Los Ángeles

La vida sobre la falla geológica
En las ciudades propensas a terremotos, como San Francisco y Los Ángeles, los edificios y tuberías han sido diseñados para lidiar con terremotos frecuentes. Estructuras especiales de refuerzo aseguran el techo y los muros a los cimientos para prevenir fracturas y derrumbes.

Refuerzo contra terremotos
Soluciones inteligentes de ingeniería ayudan a este estacionamiento en Berkeley, California, a soportar incluso terremotos considerables. Las vigas cruzadas refuerzan la estructura entera como una jaula.

Límites de fricción
En los límites de fricción las placas tectónicas se deslizan rozándose una a otra.

Límites divergentes
En los límites divergentes se forma un nuevo suelo marino por la fisura y desplazamiento de la corteza continental.

Límites convergentes
En los límites convergentes la corteza se destruye cuando una placa se mete debajo de otra.

Sismógrafo

Los científicos que estudian la Tierra usan sismógrafos y sismómetros para monitorear los límites de placas y volcanes, atentos a los temblores que preceden a los terremotos y erupciones, y que permiten predecirlos. Están equipados con bobinas magnéticas que detectan diminutos movimientos terrestres y los traducen en señales eléctricas, que luego se registran en una hoja impresa o en una pantalla digital.

Una nueva isla *se está formando sobre el punto caliente.*

Hawai *se formó en el último millón de años.*

Kauai *estaba sobre el punto caliente hace cinco millones de años.*

Monte Everest
La cordillera del Himalaya se formó cuando las placas India y Euroasiática chocaron lentamente. Tiene 16 de las 20 montañas más altas de la Tierra, incluyendo el Monte Everest, el más alto del mundo, con 8,848 metros.

Punto caliente hawaiano
Los puntos calientes volcánicos también pueden formarse en medio de una placa tectónica, sobre una zona donde el manto terrestre está descomunalmente caliente. Las islas hawaianas se formaron así; un solo punto caliente arrojó magma cuando la Placa del Pacífico se desplazó del sureste al noroeste.

Falla de San Andrés
La falla de San Andrés marca un área límite transformante entre las placas del Pacífico y Norteamericana, y se desliza unos 2-3 centímetros al año. Se puede ver cómo atraviesa Carrizo Plain, California, y hace que gran parte del estado sea propenso a terremotos.

Himalaya
El choque de continentes que hizo surgir el Himalaya empezó hace 70 millones de años. El límite de las placas se dobló formando una cordillera de más de 2,500 kilómetros de largo que sigue subiendo 5 milímetros al año.

Vuelo motorizado

Durante miles de años, el vuelo humano fue poco más que un sueño o leyenda, y las enormes distancias entre los continentes tomaban meses para cruzarse por mar o tierra. A fines del siglo XIX, pioneros de la aviación con globos aerostáticos y aerodeslizadores habían demostrado que los vuelos tripulados eran posibles, pero no fue sino hasta después de la invención del poderoso motor de combustión interna que el vuelo motorizado se volvió realmente factible. El 17 de diciembre de 1903, los hermanos Wright volaron su biplano monomotor una distancia de apenas 37 metros, por las dunas arenosas de Carolina del Norte. Hoy, las aeronaves motorizadas se usan cotidianamente para llevarnos en vuelos transatlánticos, para la guerra, para salir a órbita y más allá.

Famoso primer vuelo. Esta famosa fotografía capturó el primer vuelo motorizado sostenido del mundo –llevado a cabo en Kill Devil Hills, cerca de Kitty Hawk, Carolina del Norte–. Orville Wright está tendido en el lugar del piloto, mientras que Wilbur lo ve y espera su turno.

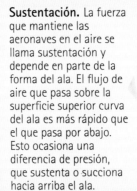

Planeadores de la naturaleza

Los primeros intentos humanos de volar se inspiraron al observar el movimiento de los pájaros. Los primeros diseños de máquinas que "aleteaban" serían un fracaso aeronáutico, pero los planeadores basados en aves como el albatros demostraron ser el camino a seguir.

EL *FLYER* DE LOS WRIGHT

Después de cuatro años de construir modelos y planeadores no tripulados, de incontables pruebas en un túnel aerodinámico y de buen número de fracasos y aterrizajes forzosos, los Wright finalmente alcanzaron el éxito en 1903 con su *Flyer* ("Volador"). Este sencillo planeador motorizado estaba hecho principalmente de madera, tela y cables, pesaba 320 kilos, tenía unos 6 metros de largo y una envergadura de poco más de 12 metros.

Hélice. Las dos hélices creaban suficiente fuerza horizontal, o empuje, para elevar al *Flyer* al aire. Un sistema que usaba cadenas de bicicleta transmitía la energía del motor a las hélices.

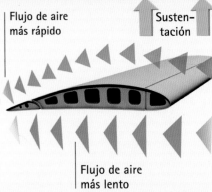

Alas
El piloto controlaba las alas con sus caderas. El ala derecha era un poco más larga que la izquierda, para compensar el peso del motor.

Sustentación. La fuerza que mantiene las aeronaves en el aire se llama sustentación y depende en parte de la forma del ala. El flujo de aire que pasa sobre la superficie superior curva del ala es más rápido que el que pasa por abajo. Esto ocasiona una diferencia de presión, que sustenta o succiona hacia arriba el ala.

Flujo de aire más rápido

Susten-tación

Flujo de aire más lento

Momento crucial

Al recorrer distancias enormes en horas en vez de semanas, el vuelo motorizado ha transformado casi todos los aspectos del mundo moderno, y afecta nuestra vida diaria más de lo que solemos darnos cuenta. En poco más de un siglo, el desarrollo de aeronaves de alta potencia y alta velocidad nos ha llevado de la novedad de los globos aerostáticos y planeadores a una nueva era de jumbo jets, cazas supersónicos y naves espaciales propulsadas por cohetes. El vuelo motorizado definió el acelerado progreso tecnológico del siglo xx, y sentó las bases de nuestro veloz estilo de vida del siglo xxi.

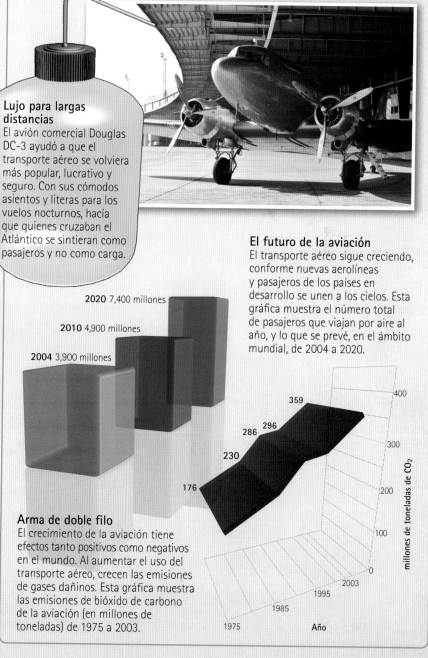

Lujo para largas distancias
El avión comercial Douglas DC-3 ayudó a que el transporte aéreo se volviera más popular, lucrativo y seguro. Con sus cómodos asientos y literas para los vuelos nocturnos, hacía que quienes cruzaban el Atlántico se sintieran como pasajeros y no como carga.

El futuro de la aviación
El transporte aéreo sigue creciendo, conforme nuevas aerolíneas y pasajeros de los países en desarrollo se unen a los cielos. Esta gráfica muestra el número total de pasajeros que viajan por aire al año, y lo que se prevé, en el ámbito mundial, de 2004 a 2020.

2020 7,400 millones
2010 4,900 millones
2004 3,900 millones

359
286 296
230
176

400
300
200
100
0

millones de toneladas de CO_2

2003
1995
1985
1975

Año

Arma de doble filo
El crecimiento de la aviación tiene efectos tanto positivos como negativos en el mundo. Al aumentar el uso del transporte aéreo, crecen las emisiones de gases dañinos. Esta gráfica muestra las emisiones de bióxido de carbono de la aviación (en millones de toneladas) de 1975 a 2003.

53

A partir de la década de 1940, mientras los jets supersónicos más veloces remontaban el vuelo, también lo hacían las primeras naves espaciales. Usando la tecnología de cohetes de propulsión desarrollada durante la segunda Guerra Mundial, los científicos e ingenieros construyeron cohetes espaciales tripulados y no, y los lanzaron a los límites exteriores de nuestra atmósfera. Para 1961 habíamos puesto a un hombre en órbita, y en 1969 habíamos enviado astronautas a la Luna y de regreso. Había iniciado una nueva era de exploración espacial que pronto llevó a máquinas que los Wright jamás hubieran soñado: transbordadores espaciales, la Estación Espacial Internacional y la primer nave espacial comercial del mundo.

Vostok
El cohete ruso Vostok 1 lanzó al primer hombre al espacio el 12 de abril de 1961.

Estación Espacial Internacional
Sigue en construcción, en órbita, y el primer módulo de este laboratorio experimental se lanzó en 1998.

SpaceShipTwo
O "NaveEspacialDos", fue develada en diciembre de 2009. Esta sucesora del SpaceShipOne, de mayor tamaño, es la base del programa de vuelo espacial privado que planea la compañía Virgin Galactic.

SpaceShipOne
O "NaveEspacialUno", fue la primera nave espacial financiada por capital privado, y se lanzó al espacio suborbital el 21 de junio de 2004.

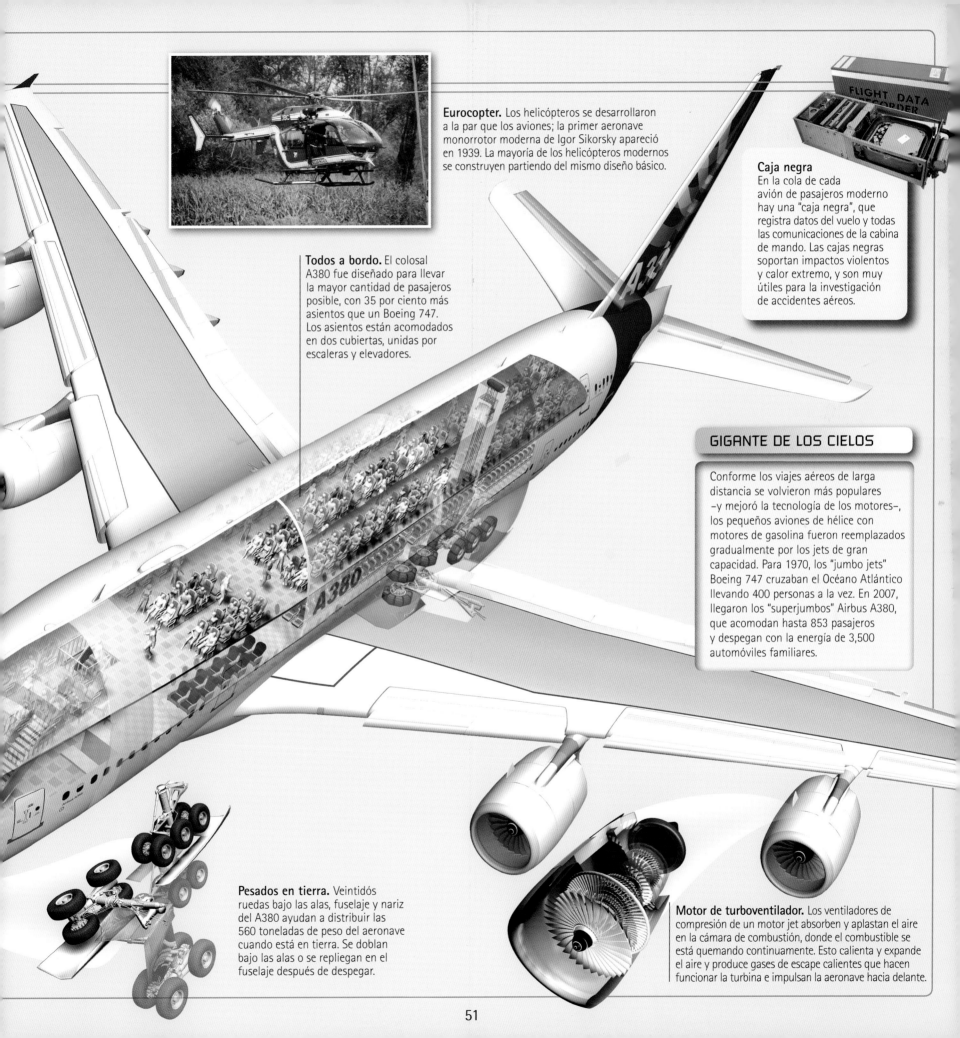

Eurocopter. Los helicópteros se desarrollaron a la par que los aviones; la primer aeronave monorrotor moderna de Igor Sikorsky apareció en 1939. La mayoría de los helicópteros modernos se construyen partiendo del mismo diseño básico.

Caja negra
En la cola de cada avión de pasajeros moderno hay una "caja negra", que registra datos del vuelo y todas las comunicaciones de la cabina de mando. Las cajas negras soportan impactos violentos y calor extremo, y son muy útiles para la investigación de accidentes aéreos.

Todos a bordo. El colosal A380 fue diseñado para llevar la mayor cantidad de pasajeros posible, con 35 por ciento más asientos que un Boeing 747. Los asientos están acomodados en dos cubiertas, unidas por escaleras y elevadores.

GIGANTE DE LOS CIELOS

Conforme los viajes aéreos de larga distancia se volvieron más populares –y mejoró la tecnología de los motores–, los pequeños aviones de hélice con motores de gasolina fueron reemplazados gradualmente por los jets de gran capacidad. Para 1970, los "jumbo jets" Boeing 747 cruzaban el Océano Atlántico llevando 400 personas a la vez. En 2007, llegaron los "superjumbos" Airbus A380, que acomodan hasta 853 pasajeros y despegan con la energía de 3,500 automóviles familiares.

Pesados en tierra. Veintidós ruedas bajo las alas, fuselaje y nariz del A380 ayudan a distribuir las 560 toneladas de peso del aeronave cuando está en tierra. Se doblan bajo las alas o se repliegan en el fuselaje después de despegar.

Motor de turboventilador. Los ventiladores de compresión de un motor jet absorben y aplastan el aire en la cámara de combustión, donde el combustible se está quemando continuamente. Esto calienta y expande el aire y produce gases de escape calientes que hacen funcionar la turbina e impulsan la aeronave hacia delante.

Energía eléctrica

La energía eléctrica ha traído tantos cambios al mundo moderno que, para muchos, cuesta trabajo imaginar cómo pudimos vivir sin ella. Antes de que hubiera electricidad disponible, los hogares se iluminaban sobre todo con velas y se calentaban quemando combustibles que producían humo, como madera o carbón. Cuando anochecía, la vida se detenía casi por completo. Se volvía peligroso viajar más allá de calles con poca iluminación en las principales ciudades y las noticias por correo podían tardar semanas en llegar. Luego, a fines del siglo XIX, una rápida serie de descubrimientos científicos nos trajo baterías, generadores, luz y máquinas eléctricas: nuevas tecnologías que, literalmente, habrían de electrizar nuestro estilo de vida.

A la luz de las velas

Antes de la energía y luz eléctricas, la gente vivía a la tenue luz de las velas y las lámparas de aceite. Eran difíciles de encender y reemplazar, y además de su humo oloroso y tóxico, el fuego era un peligro siempre presente.

TORRES DE LUNA

En los primeros días de la luz eléctrica, muchas ciudades de Estados Unidos eran iluminadas por poderosas lámparas de arco colocadas en altos andamios metálicos, apodadas "torres de luna". Estas lámparas estaban prendidas toda la noche y podían iluminar distritos enteros de una ciudad, puesto que había pocos edificios altos que taparan su luz. Pero el desarrollo de los rascacielos y la mayor eficiencia de la lámpara incandescente de Edison pronto acabaron con ellas. Hoy sólo quedan 17 torres de luna: todas en la ciudad de Austin, Texas.

Rompiendo fronteras
Hoy, los módems de internet portátiles pueden conectar a la gente en todos los continentes de la Tierra. Los satélites de enlace ascendente han unido a nuevos usuarios de internet en todo el mundo: desde la India rural y África hasta la Antártica y la selva amazónica.

LA INTERNET

Este mapa de la internet representa el vertiginoso laberinto de conexiones entre computadoras centrales, servidores y *routers*. Vista como un todo, internet casi parece un sistema nervioso o un cerebro... y quizá no sea accidental. Al igual que un cerebro, internet tiene miles de millones de conexiones más de las que en realidad usa en cualquier momento dado, lo cual da por resultado una herramienta de comunicación increíblemente rápida y poderosa.

Desde chiquitos. Más de la tercera parte de todos los usuarios actuales de internet son niños y adolescentes, de 12 a 17 años. En muchos lugares, los niños están aprendiendo a leer, escribir, mandar *e-mails* y navegar por la red prácticamente al mismo tiempo.

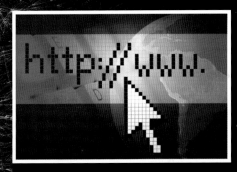

World Wide Web. Tim Berners-Lee, un investigador del laboratorio de física de partículas, CERN, en Suiza, inventó el primer buscador de internet en 1991, para ayudar a administrar la información y datos de los experimentos. Su sistema de la "World Wide Web" (o "red mundial") dio forma a la internet que usamos hoy.

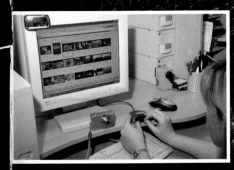

Creación de redes. Para muchos, las conexiones en red han cambiado para siempre la naturaleza de los negocios diarios. Los empleados de una oficina ahora pueden coordinar proyectos, juntas y finanzas mediante redes de "intranet" privadas. Mientras tanto, las compañías internacionales pueden comunicarse inmediatamente con sus oficinas globales vía *e-mail*.

Entrega a domicilio. Las compras por internet han cambiado la manera en que compramos todo, desde ropa y música hasta coches y muebles. Al ver los productos y comparar precios en línea, los compradores ya no tienen que salir: ahora las tiendas vienen a ellos.

Cronología

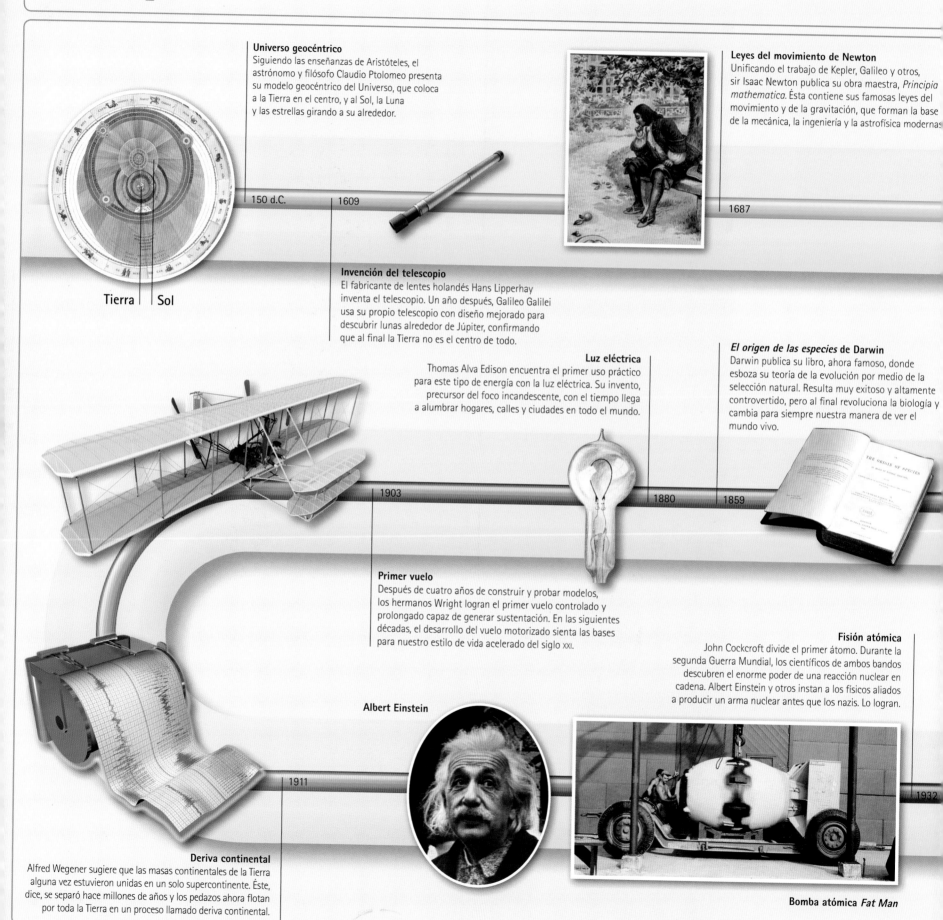

Universo geocéntrico
Siguiendo las enseñanzas de Aristóteles, el astrónomo y filósofo Claudio Ptolomeo presenta su modelo geocéntrico del Universo, que coloca a la Tierra en el centro, y al Sol, la Luna y las estrellas girando a su alrededor.

Tierra | Sol

Leyes del movimiento de Newton
Unificando el trabajo de Kepler, Galileo y otros, sir Isaac Newton publica su obra maestra, *Principia mathematica*. Ésta contiene sus famosas leyes del movimiento y de la gravitación, que forman la base de la mecánica, la ingeniería y la astrofísica modernas.

150 d.C. | 1609 | 1687

Invención del telescopio
El fabricante de lentes holandés Hans Lipperhay inventa el telescopio. Un año después, Galileo Galilei usa su propio telescopio con diseño mejorado para descubrir lunas alrededor de Júpiter, confirmando que al final la Tierra no es el centro de todo.

Luz eléctrica
Thomas Alva Edison encuentra el primer uso práctico para este tipo de energía con la luz eléctrica. Su invento, precursor del foco incandescente, con el tiempo llega a alumbrar hogares, calles y ciudades en todo el mundo.

El origen de las especies de Darwin
Darwin publica su libro, ahora famoso, donde esboza su teoría de la evolución por medio de la selección natural. Resulta muy exitoso y altamente controvertido, pero al final revoluciona la biología y cambia para siempre nuestra manera de ver el mundo vivo.

1903 | 1880 | 1859

Primer vuelo
Después de cuatro años de construir y probar modelos, los hermanos Wright logran el primer vuelo controlado y prolongado capaz de generar sustentación. En las siguientes décadas, el desarrollo del vuelo motorizado sienta las bases para nuestro estilo de vida acelerado del siglo XXI.

Fisión atómica
John Cockcroft divide el primer átomo. Durante la segunda Guerra Mundial, los científicos de ambos bandos descubren el enorme poder de una reacción nuclear en cadena. Albert Einstein y otros instan a los físicos aliados a producir un arma nuclear antes que los nazis. Lo logran.

Albert Einstein

1911 | 1932

Deriva continental
Alfred Wegener sugiere que las masas continentales de la Tierra alguna vez estuvieron unidas en un solo supercontinente. Éste, dice, se separó hace millones de años y los pedazos ahora flotan por toda la Tierra en un proceso llamado deriva continental.

Bomba atómica *Fat Man*

Máquina de vapor rotativa

n su poderosa y económica máquina de vapor rotativa,
ames Watt y Matthew Boulton mejoran la eficiencia de
udimentaria máquina de vapor de Thomas Newcomen.
to ayuda a que la energía de vapor se vuelva universal,
lo que a su vez impulsa la Revolución industrial
que tendrá efectos en el mundo entero.

Teoría química atómica

John Dalton deduce la existencia de átomos
a partir de evidencia química. Después, Ernest
Rutherford y Niels Bohr profundizan en los
descubrimientos de Dalton para crear el
modelo nuclear del átomo, que revoluciona
nuestros conocimientos de física y química.

1796 | 1808

Faraday controla la electricidad

Poco después de que Hans Christian Oersted
descubriera el electromagnetismo, Michael
Faraday crea los primeros motores
y generadores eléctricos. Estos principios
de la generación de energía eléctrica llevan
a una nueva era electrónica.

Revolución industrial

Desde mediados del siglo XIX, los motores impulsan cambios en
todo el mundo en manufactura, agricultura, minería y transporte
–conocidos como la Revolución industrial–. Las ciudades de
Europa y Estados Unidos crecen conforme los obreros se mudan
para estar más cerca de las nuevas fábricas.

1850s

1831 | 1821

Expedición del *Beagle*

Charles Darwin se une a la expedición de cinco años
alrededor del mundo del H.M.S. *Beagle*. Reúne
cientos de especímenes de plantas y animales,
y descubre fósiles de especies extintas.
Sus descubrimientos echan a andar sus ideas sobre
la selección natural y la evolución.

Proyecto del Genoma Humano

Entre 1990 y 2003, se traza el mapa completo de los
genes humanos como parte del Proyecto del Genoma
Humano. Apenas ahora empezamos a entender sus
implicaciones para la medicina basada en el ADN
y la historia evolutiva de nuestra especie.

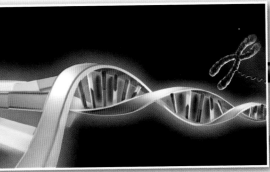

1967 | 1990

Tectónica de placas

Dan McKenzie unifica un siglo de teorías geológicas para crear la teoría de la
tectónica de placas, que simultáneamente explica el crecimiento de montañas,
el desplazamiento de continentes y la expansión del fondo oceánico, y ofrece
una forma completamente nueva de entender nuestro planeta.

Glosario

ADN (ácido desoxirribonucleico): molécula biológica dentro de todas las células vivas que determina, y revela, la herencia de rasgos físicos entre generaciones.

alabeo: "ladeo" o rotación de una aeronave sobre su eje más largo o fuselaje.

alerón: superficie movible cerca del borde de fuga de un ala usado para maniobrar una aeronave.

asistencia gravitatoria: método que usa el campo gravitatorio de una luna o planeta para cambiar la velocidad y/o trayectoria de una nave espacial.

átomo: componente más pequeño de cualquier elemento químico, donde el número de protones determina la identidad del elemento.

avión espacial: aeronave propulsada por cohetes adaptada para realizar vuelos suborbitales.

barras de control: trozos de material que absorbe electrones, en forma de barra, usados para retardar o detener una reacción en cadena en un reactor nuclear.

barrera del sonido: barrera teórica para volar más rápido que la velocidad del sonido, causada por la compresión del aire alrededor de una aeronave al aproximarse a velocidades supersónicas.

cabeceo: movimiento vertical, nariz arriba o abajo, de una aeronave.

caja negra: grabadora electrónica, resistente y extraíble, que se usa para guardar los datos de un vuelo en caso de accidente.

campo magnético: región de espacio alrededor de un imán o corriente eléctrica en el que operan las fuerzas magnéticas.

candela: unidad en la que se mide la intensidad luminosa, expresada como el número de candelas o velas estándar requeridas para crear una cantidad equivalente de luz.

cilindro: cámara cilíndrica donde se mueve el pistón en un motor.

combustible fósil: combustibles –como petróleo, carbón y gas natural– derivados de los restos fósiles de seres vivos.

condensador: aparato usado para enfriar y condensar el vapor, o agua en estado gaseoso, en agua líquida.

corteza: dura capa exterior de la Tierra que varía en espesor de 10 a 35 kilómetros.

deriva continental: teoría geológica que afirma que los continentes no están fijos sino que se desplazan por la superficie de la Tierra.

dinamo: generador eléctrico que produce corriente directa mediante inducción electromagnética.

electrón: en un átomo, una partícula subatómica con carga negativa y masa muy pequeña.

elevador: alerón batiente, normalmente colocado en la cola de una aeronave, que se usa para controlar las maniobras verticales o de cabeceo.

empuje: fuerza de propulsión, generada por los motores, que impulsa una aeronave hacia delante y es necesaria para que haya sustentación.

envenenamiento por radiación: enfermedad causada por la exposición a la radiación nuclear, que se caracteriza por vómito, pérdida de dientes, pelo y glóbulos blancos, hemorragias y muerte.

era geológica: periodo –que abarca miles de millones de años– en el cual la Tierra se ha formado y ha cambiado su apariencia mediante procesos geológicos.

estabilizador: superficie horizontal en la cola de una aeronave a la que se fijan los elevadores.

expansión del fondo oceánico: proceso mediante el cual el material debajo de los océanos empuja a un lado las placas tectónicas, con lo que se crea nueva corteza y se ensancha el océano.

fisión nuclear: división de un núcleo atómico en dos o más núcleos de átomos más ligeros, acompañada de liberación de energía.

fuerza electromagnética: fuerza física fundamental relacionada con las reacciones químicas, el magnetismo, la carga eléctrica y otros fenómenos.

fundición: cuando se calienta y se derrite el mineral metálico en bruto para separar el metal puro que contiene.

fuselaje: cuerpo central de una aeronave.

gases de efecto invernadero: como metano, bióxido de carbón o vapor de agua, que ocasionan el efecto invernadero que atrapa el calor, calentando la Tierra.

gen: porción de una molécula de ADN que sirve como unidad básica de herencia biológica.

generador: máquina que transforma el movimiento mecánico en energía eléctrica por medio de la inducción electromagnética.

guiñada: movimiento de una aeronave en que la nariz gira a izquierda o derecha.

herramientas operadas por máquinas: se usan para todo tipo de aplicaciones, como cortar y dar forma a madera, metal y otros materiales.

homínido: primate de la familia *Hominidae*, del que hubieron muchas especies prehistóricas. La única especie que sobrevive es el *Homo sapiens*.

inducción: proceso mediante el cual se produce electricidad a través de la interacción de objetos con propiedades eléctricas o magnéticas.

inercia: tendencia de un objeto a mantener su velocidad o estado de reposo actual, mientras no actúe sobre él alguna fuerza externa.

isótopo: una de dos o más formas del mismo elemento químico.

lámpara de arco: poderosa lámpara que utiliza un arco de electricidad de alta intensidad entre dos varillas de carbono para producir luz.

lámpara incandescente: lámpara o foco eléctrico que emite luz brillante al calentar un delgado filamento encerrado en una bombilla de cristal sellada al vacío.

Ley de la gravitación universal: ley física que afirma que cualesquiera dos masas se atraerán entre sí con una fuerza proporcional a sus masas y a la distancia entre ellas.

límite de placas: límite entre dos placas de la corteza terrestre, o tectónicas.

locomotora: tren o vehículo de ruedas impulsado por un motor de vapor o electrodiesel.

manto terrestre: capa interior de la Tierra de unos 2,900 kilómetros de espesor ubicada entre el núcleo y la corteza.

manufactura: producción o fabricación de bienes o productos, o el lugar donde se fabrica.

máquina atmosférica: rudimentaria máquina de vapor de Thomas Newcomen, en la cual la energía proviene de la presión atmosférica que empuja el cilindro.

máquina de vapor rotativa: motor a vapor altamente eficiente, inventado por James Watt, que transformó el movimiento de bombeo del pistón en el movimiento giratorio de una rueda motriz.

meteorología: estudio científico del clima, la temperatura ambiental y la atmósfera.

microbiano: relativo a los microbios o a formas de vida diminutas, como las bacterias.

modelo geocéntrico: teoría anterior a la astronomía moderna que afirmaba que la Tierra era el centro del Universo y que todos los demás objetos –incluido el Sol– orbitaban a su alrededor.

motor de combustión: motor impulsado por la quema acelerada, o combustión, del combustible en su interior, que por lo general causa el movimiento explosivo de un pistón.

neutrón: partícula subatómica sin carga eléctrica, que se encuentra en el núcleo de un átomo.

óptica: rama de la física que estudia las propiedades de la luz visible.

paleontología: estudio científico de los organismos vivos del pasado remoto, a menudo mediante el uso de fósiles.

pantalla de visualización frontal: también llamada HUD, por sus siglas en inglés, es una proyección electrónica a la altura del ojo de los datos de los instrumentos de vuelo, para que el piloto pueda verlos sin tener que desviar la mirada.

pistón: cilindro o disco sólido que encaja en un cilindro mayor, que se mueve hacia delante y hacia atrás bajo la presión de los gases expansivos del combustible, para impulsar un motor.

protista: reino biológico de organismos unicelulares que incluye algas, moho de fango, y protozoarios.

protón: partícula subatómica con carga eléctrica positiva, que se encuentra en el núcleo del átomo.

Proyecto del Genoma Humano: proyecto científico mundial de 13 años de duración en el que se trazó el mapa de toda la secuencia codificada de nucleótidos químicos del ADN humano.

radiactivo: material o sustancia que al descomponerse libera radiación.

reacción en cadena: reacción física en la cual la energía y las partículas liberadas, al dividir núcleos atómicos, causan la fisión de aún más núcleos en un ciclo autosustentable.

reactor: aparato en el que se inician y sostienen reacciones de fisión nuclear, para producir calor o energía nuclear.

refractar: desviar o alterar el camino recto de un rayo de luz.

regulador: componente de una máquina que garantiza que la salida de energía o velocidad se mantenga constante, por lo general regulando la entrada de combustible.

Revolución industrial: periodo de rápido crecimiento de la industria que empezó en Inglaterra en el siglo XVIII y se extendió, en los siguientes 50 años, a todo el mundo.

selección natural: proceso natural mediante el cual los organismos vivos mejor adaptados a su medio ambiente tienden a sobrevivir y pasan sus rasgos a la siguiente generación.

sismógrafo / sismómetro: dispositivo usado para medir la dirección, intensidad y duración de un terremoto.

supersónico: más rápido que la velocidad del sonido en el aire, que es de aproximadamente 1,236 kilómetros por hora.

tectónica de placas: teoría geológica que explica los terremotos, la deriva continental, la formación de montañas y más, mediante la interacción de las placas de la corteza terrestre, que se desplazan.

timón: hoja o alerón movible en la cola de una aeronave usada para girarla sobre un eje horizontal.

transformador: dispositivo eléctrico que transforma la energía eléctrica de un circuito a otro, por lo general con un cambio de voltaje o corriente.

turbina eólica: también llamada aerogenerador, es una máquina con un rotor de palas impulsadas por el viento que convierte el movimiento mecánico en energía eléctrica.

vuelo espacial suborbital: vuelo que alcanza una altura de más de 100 kilómetros sobre el nivel del mar, pero que vuelve a la Tierra en vez de entrar en órbita.

Índice

Créditos

ABREVIATURAS: ALA = Alamy, CBT = Corbis, GI = Getty, HH = Hedgehog House, IS = iStock Photo, MP = Minden Pictures, N = NASA, NOAA = National Oceanic and Atmospheric Administration, TPL = The Photo Library, PUB = Dominio Público, SH = Shutterstock, TF = Top Foto, WLCU = Trinity University Cambridge

FOTOGRAFÍAS: 4tl IS, c CBT, cr PUB, bl TPL; 5tl TPL, cr TPL, bl PUB; 6 c CBT; cl SH, cl TPL; 8br, bc, cl IS, bl WLCU, tc TPL; 9tc c, cl, br TPL; 11bl N; 12br N; 14cl CBT, tr GI, bl TPL; 15bl TPL; 16c ALA, cr GI, tl PUB, bl SH, bc TPL; 17cr CBT, cl MP, tc IS; 18cr SH, c TPL; 19c CBT, tl HH; 21cl, bc TPL; 24c GI, cl PUB, tl TPL; 25cl GI, tl, tr, cr TPL; 26bc IS, bc, tl TPL; 27c TPL; 30tr TPL; 32cl, cr, tr TPL; 33bc, tl TPL; 34bl PUB, br, c, tl TPL; 35 c, tr TPL bl, b, b, br CBT; 36br TPL; 37c, bc TPL; 38cl TF; 40cl CBT, bc SH, cr TF; 41tr TPL; 42tl TF, bc TPL; 43tl, tc CBT, cr TPL, cl N, tc IS; 44br TPL; 45cl N, bc TPL; 46cl TPL; 48cl, bc TPL; 49tc CBT, cl, br GI, bl IS, bl SH; 51tr TPL;

53c GI; 54tl TF; 55tr TPL; 56cl, bc CBT, c, bc TPL; 57tl, c, br TPL, bl SH; br CBT; 58bl TPL; 59tl, br CBT, cl, bl TF, cr, cl IS; 60cr TPL; 61cl IS, cr SH; 62tl, tr, c, cr, bc, br TPL, bl IS; 63 cr, c, cl TPL.

ILUSTRACIONES: Portada Godd.com; Andrew Davies 19b, 20c, 53b; Argosy Publishing 21b; Barry Croucher / The Art Agency 14bc, 46bl; Chris Forsey 42-3b; David Kirshner 17b; Francesca D'Ottavi / Wilkinson Studios 38tl; Godd.com 10bc, 10br, 11bl, 22tl, 30bl, 30-31c, 44cl, 46-47bc, 46-7b, 48bc, 48br, 52tl, 54-5c,

58l, 58bl, 62tc, 62cl, 63tr; Laurence Porter / KJA Artists 19c; Malcolm Godwin / Moonrunner Design 24bc, 24br, 26bc, 26br, 27bl, 43cr, 50-1c, 50l, 52b, 63tl; Mark A. Garlick 11c, 12c; MBA Studios 22cl, 23tr; Mick Posen / The Art Agency 38-39b, 41; National Oceanic and Atmospheric Administration 41bl; Peter Bull Art Studio 6-7c, 6br, 7bl, 7br, 7tc, 7c, 38cb; Steve Hobbs 13tc; Steve Karp 13cl, 13cr, 21bl, 21cr, 29bl, 29br, 37br, 37cl, 45bl, 45cr, 53cl, 61bl, 61cr; Terry Pastor/ The Art Agency 36c, 43t.